MÉMOIRES

DE JUD

Fantaisie larmoyante d'un hypocondriaque

PARIS

LIBRAIRIE MODERNE

19, BOULEVARD DE SÉBASTOPOL (RIVE GAUCHE)

GUSTAVE HAVARD, ÉDITEUR

—

1861

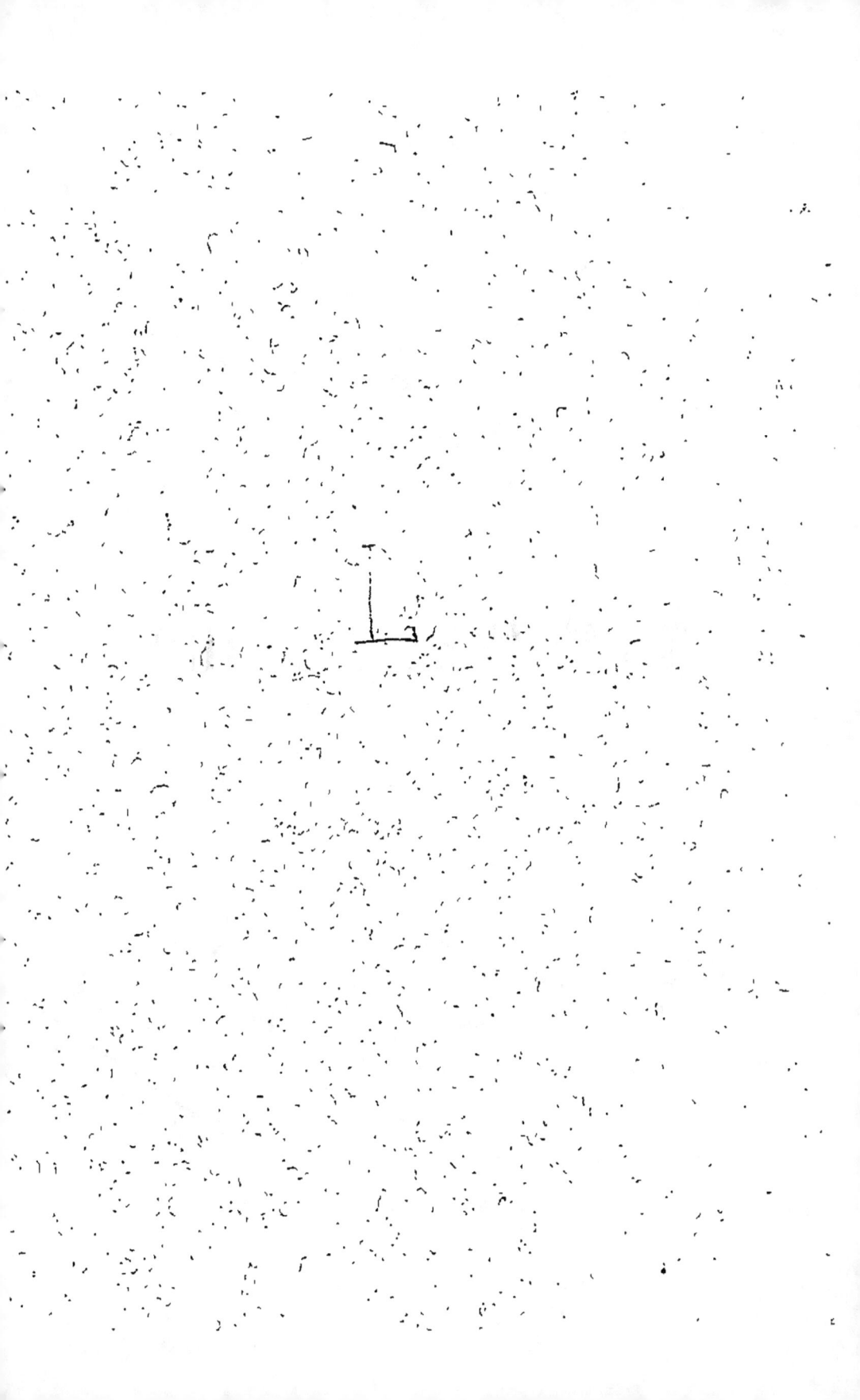

MÉMOIRES DE JUD

MÉMOIRES

DE JUD

Fantaisie larmoyante d'un hypocondriaque

PARIS

LIBRAIRIE MODERNE

19, BOULEVARD SÉBASTOPOL (RIVE GAUCHE

GUSTAVE HAVARD, ÉDITEUR

—

1861

INTRODUCTION

Tout le monde écrit ses Mémoires : les ministres, les lorettes, les hommes d'Etat, les gymnastes, les hommes de lettres, les financiers.

Il ne faut pour cela ni avoir fait quelque chose, ni avoir vu quoi que ce soit, ni avoir un scandale historique à raconter, ni savoir tenir une plume à la main ; il suffit d'avoir un *nom*.

Je ne suis ni ministre, ni marchand de crayons, ni poëte, ni gymnaste, ni financier ;

Je ne sais ni rédiger un protocole, ni jouer du trapèze, ni faire une ode, ni danser comme la Rigolboche ;

J'ai tout simplement un *nom*.

———

Il vous est parfois arrivé, cher lecteur, de réfléchir à l'enchaînement intime des principes primordiaux qui régissent toutes choses, et de ces choses elles-mêmes.

Je suis convaincu que le désir est le principe créateur par excellence, et qu'il a un rapport nécessaire avec les choses qu'il crée.

Vous avez vivement désiré connaître Jud ; ce petit livre n'a pas d'autre cause : je l'écris pour que votre désir ait satisfaction.

A vrai dire, aimable lectrice, vos désirs sont aussi innombrables que vos perfections ;

D'honneur, en ce qui me concerne, je voudrais pouvoir les satisfaire tous ;

Vous ne seriez pas fâchée, par exemple, que le Jud que je vais vous offrir fût conforme à votre idéal.

Il n'y aura point de ma faute si je ne suis point taillé sur ce patron-là.

J'ai compulsé toute une bibliothèque de livres très-vieux et très-récents pour savoir comment je devais me présenter à vous.

Quelquefois un peu embarrassé, je l'avoue, je me suis posé en trois quarts, quelquefois en profil, rarement de face. J'ai des raisons pour cela, je ne voudrais pas être reconnu par tout le monde.

Je me suis abstenu de donner certaines dates, et, sur certains points, je n'ai fait que glisser, ne pouvant vraiment pas trop appuyer :

« Glissez, mortels, n'appuyez pas ! »

Quand j'ai été embarrassé de parler de moi, j'ai parlé des autres ; j'ai parlé de messieurs X..., Y..., Z.... Vous les reconnaîtrez...

Chut !

———

Je réfléchis que j'ai oublié de dire un mot sur la question du libre échange ;

Pareillement sur la question des cotons et les principes de 89.

Je remplirai ces lacunes à ma prochaine édition.

En attendant, veuillez vous adresser à M. Havin, dit le Vaincu de Thorigny, ou à son fidèle La Bédollière, *fidus Achates*.

———

Bon, voilà que je viens de lâcher une *lati-*

nade, comme le prince des critiques, Jules Janin.

Je n'ai pourtant pas encore traduit Horace.

———

Soyons grave.

Ce livre a-t-il une moralité ?

Oui.

Car toute vie contient un enseignement, pourvu qu'on sache l'y découvrir :

Brisez l'os et sucez la moelle.

———

D'aucuns supposeront peut-être que j'ai écrit ceci pour payer mes dettes.

Je n'ai pas de dettes !

Et d'ailleurs serait-ce bien-là un moyen ?

CHAPITRE PREMIER

Ma naissance fut obscure.

Ma famille, adonnée à des travaux mercantiles et chargée d'enfants, ne put me fournir cette manne céleste avec quoi on nourrit les hommes et les oiseaux : du pain. Quant au pain de l'esprit, — ce qu'on appelle l'instruction, — mon père ne s'est jamais douté de ce que ce pouvait être.

2

Lorque j'eus atteint ma dixième année,
mon père, un excellent homme du reste, me
prit par mes culottes percées et, m'enlevant
de terre, ouvrit la porte de la maison et me
jeta dehors, en me disant : « Galopin, va-
« t'en gagner ta vie et étudier le monde ; le
« monde est grand et tu es destiné à de gran-
« des choses . »

Je ne vous dirai pas, cher garde national
de lecteur, combien de subterfuges, combien
de ruses mon esprit inventif sut trouver et
exécuter pour subvenir à mon existence.

Je me mis d'abord au service d'un aveugle
que je guidais par les villes et par les che-
mins. Il était vieux et méfiant, et j'avais un
mal infini à lui voler son pain dans sa besace
et la monnaie que les passants jetaient dans
sa sébile.

Je ne pouvais pourtant pas continuer à
vivre ainsi.

La misère était pour moi l'ignominie. Ayant

découvert un jour la cachette où le vieux aveugle empilait lentement ses économies, je les lui empruntai et je me sauvai à Paris.

Paris m'éblouit d'abord. Tout un monde nouveau, mystérieux et splendide, s'ouvrait à mon observation.

Ne pouvant consentir à me faire ramasseur de bouts de cigares, j'imaginai de voler les chiens égarés, afin de toucher une récompense honnête des propriétaires auxquels je les rapportais. Je n'ai pas été breveté pour cette invention; en sorte que les gamins la pratiquent aujourd'hui sans crainte d'être poursuivis comme contrefacteurs.

— Mais vraiment je vous parle là, cher lecteur, d'enfantillages rebattus. Paris me sollicitait à de plus grandes choses. Le monde, tel que je commençais à le voir, — tel que je le vois, hélas ! aujourd'hui, — m'apparaissait ainsi qu'un mauvais lieu où le banditisme se pratique sous toutes les formes.

Hypocrisie, servilité, charlatanisme, désirs cupides masqués sous les faux semblants de l'honneur et de la vertu, je sus démêler vos trames les plus habilement ourdies.

Malheur, me disais-je, à celui qui, n'ayant pas une armure fortement trempée, un esprit retors comme l'acier, une audace indomptable, se trouve jeté au milieu de cette forêt de Bondy !

Pauvre mouton destiné à être tondu, méprisé, exploité indignement, vainement il espère arriver à la fortune ou à la puissance. Il sera toute sa vie le mannequin dont se servent les habiles, électeur et contribuable, sauf à mourir adjoint au maire de sa commune.

Dans ma situation infime, je ne pouvais guère exercer que des métiers ridicules, moi l'homme ambitieux, tantalisé sans cesse par le spectacle des grandeurs, éclaboussé par les turpitudes dorées du servilisme triomphant.

Je voulais m'asseoir à mon tour à la table des heureux de ce monde.

Il me fallait l'or qui foisonne et éblouit comme un rayon.

Je voulais savourer, moi aussi, ces beaux fruits défendus qui me brûlaient les lèvres et les yeux. Je voulais, moi aussi, des femmes tout en velours, afin de voir ruisseler sur leurs épaules nues les cascades blondes de la chevelure, et les flots de la dentelle onduler avec de doux bruits le long de leurs corps voluptueux.

Ces images fascinatrices troublaient mon sommeil fiévreux, et le matin, au réveil, je me retrouvais plus infime et plus misérable, dans ma mansarde aux murs sales.

A l'action, à l'action! me répétais-je. Mais que faire, que trouver pour sortir de l'ornière où ma naissance m'enchaînait ?

Ne trouvant rien de mieux d'abord, j'écrivis des prospectus et des réclames pour les

marchands *d'encre de la petite vertu*, de cra-
choirs *hygiéniques*, de *corsets plastiques*
et d'eaux de toilette.

On me payait fort peu ces *factums*, distri-
bués sur la voie publique et qui vont où va
la feuille de rose et la feuille de laurier.

Je me présentai aussi chez les tailleurs en
renom. J'avais la jambe bien faite, la taille
élégante, le port fashionable, le regard as-
suré; mes cheveux, assouplis par le fer du
coiffeur, se divisaient correctement du front
à la nuque; mes favoris, bien taillés, enca-
draient noblement ma figure. On m'eût pris
pour un lord voyageur ou pour un diplo-
mate en vacances. Je pouvais être une enseig-
gne vivante des tailleurs recommandés et
lancer les modes nouvelles.

Les plus illustres *pique-chiffes* du boulevard se disputèrent mes services. Je profitai
de cette vogue et me fis payer en conséquence.

Ainsi vêtu, j'allais m'asseoir après dîner
au perron de Tortoni ou dans une avant-
scène de l'Opéra. Je soupais à la Maison d'or
et au café Anglais. Les fils de famille, les
membres du Jockey-club se lièrent avec moi.
J'étais beau joueur et je faisais habilement
sauter la coupe. J'avais pris un titre de mar-
quis, une maîtresse de race, et mes chevaux
étaient d'un pur sang. Mon groom s'appelait
Jack et ma maîtresse Clarimonde.

Vous avez peut-être connu, vous avez cer-
tainement rencontré cette fille, dont tout Paris
a parlé durant un hiver. N'ayant pu trouver
un sceptre, elle s'était fait reine des courti-
sanes. Rousse, aux regards stupides, elle *mé-
dusait* les plus hardis. Lorsqu'elle apparaissait dans sa loge, le soir, au théâtre, et qu'elle
appuyait ses beaux bras nus sur le rebord
de velours nacarat, un murmure laudatif par-
courait la salle comme un long frisson.

J'étais reçu au faubourg Saint-Germain.

J'allais aux soirées de M. le duc de M.. et
aux raouts de la vieille comtesse douairière
de N.., dont le mari a été gouverneur général
des Indes britanniques.

J'avais formé le dessein d'enlever quelque
fille noble et riche et de m'enfuir avec elle en
pays étranger.

Je passais pour un hommme d'esprit, et,
afin d'accroître ma réputation, j'obtins, par le
moyen d'un journaliste de mes amis, une
place de chroniqueur dans un journal qui se
publie à Londres.

Mes chroniques se distinguaient par leur
méchanceté. Je faisais collection de tous les
cancans qui circulaient dans les salons et les
cercles, et j'avais le soin de les envenimer
par quelque invention de ma cervelle. Car
une chronique est un scorpion qui doit avoir
du poison dans la queue.

On fut bien forcé de m'acheter mon silence
et je le fis payer cher. Un duel que j'avais

eu à propos d'un article, auprès duquel les
histoires du *chien compromettant* et du
macaroni indiscret de la comtesse de Folle-
ville ne sont que de l'eau de ro-e, m'attira
une grande gloire. Je tuai mon adversaire; et
depuis lors on me respecta à l'égal d'une
puissance.

Mais je reviens au récit de mes entreprises
galantes dans le faubourg Saint Germain.

J'avais réussi à séduire une jeune veuve,
qui était fort riche et qui s'appelait la comtesse de Belle-Hermine. Elle était Péruvienne
de naissance et descendait des Incas.

Il n'est pas de ciel sans nuage, pas plus
qu'il n'est de rose sans épine.

Mes amours avec la comtesse surexcitèrent
des jalousies furieuses que mes succès te-
naient comprimées. Une conspiration de
gandins rélégués par moi au second rang, se
forma dans le but de provoquer ma ruine.
Cette race est bête, envieuse et méchante.

Déjà mes créanciers impayés assiégeaient vainement ma porte.

L'argent que je gagnais au jeu ne me suffisait plus. Je souscrivais des lettres de change à long terme et, l'échéance arrivée, je les renouvelais à des conditions ruineuses.

Pour déjouer l'orage qui grondait sourdement et qui devenait plus prochain de jour en jour, je m'entendis avec plusieurs femmes pour fonder des tripots clandestins où elles attiraient, sous prétexte de galanterie, les jeunes écervelés de province et de l'étranger.

La police découvrit plusieurs de ces établissements et les fit fermer. La plupart de mes complices furent condamnées ; mais je fus assez habile pour échapper moi-même à tous les soupçons.

Mes victimes et mes jaloux, tous ceux que j'exploitais ou dont mes splendeurs ternissaient le lustre, m'épiaient pourtant, et ce n'était pas trop de toute ma sagacité pour déjouer leurs embûches.

Je pressais la comtesse de m'accorder sa main, car je prévoyais une prochaine déroute.

Un soir, nous étions assis tous les deux dans un salon. Profitant de notre solitude, j'avais fait dévier la conversation, d'abord indifférente, sur le sujet de mes espérances.

La comtesse étant ce soir-là d'humeur rêveuse, j'obtins qu'elle me donnât l'assurance de la réalisation prochaine de mes vœux.

Nous fixâmes l'époque de notre mariage et je me retirai chez moi, la joie dans l'âme.

Enfin, me disais-je, te voilà parvenu au but si longtemps convoité ! Ah ! beaux mignons, qui aboyez si bien après mes chausses quand d'un regard je ne vous fais pas rentrer dans votre néant, vous baiserez bientôt le talon de mes bottes et vous ramperez à mes genoux. D'ailleurs, qu'est-ce qui m'empêchera, quand je serai riche, de payer mes dettes et de devenir vertueux? Pourquoi ne solliciterai-je pas comme un autre le prix Montyon? Aussi bien, c'est un dur métier que celui de chevalier d'industrie.

Je suis fatigué et j'ai besoin de repos.

Un événement ridicule vint tout à coup renverser le château de cartes de ma fortune.

Mon groom Jack, auquel j'avais négligé de payer ses gages, et qui voyait sans cesse mes créanciers frapper à ma porte, prit le parti de s'adresser à la justice.

Ce fut le signal de ma déconfiture : comme les moutons de Panurge, le cortége de créanciers suivit l'exemple de Jack. La ligue de mes ennemis triompha.

Je ne reparus pas chez la comtesse, dont je ne pouvais plus espérer la main.

Vous devinez le reste, cher lecteur ; je m'esquivai par delà la frontière et je laissai les gens de justice vendre mes chevaux, mes voitures et mon mobilier.

CHAPITRE DEUXIÈME

J'arrivai à Londres, où je me logeai dans un hôtel de Belgrave-square.

J'avais emporté une assez forte somme d'argent de Paris et, pendant quelque temps, je pus étudier à l'aise les usages britanniques.

3

Mon premier soin fut de me faire recevoir membre d'une société de tempérance.

Ces sociétés, instituées pour le plus grand bien de l'espèce humaine, enseignent le culte de l'eau pure et des légumes bouillis.

Le néophyte, avant d'être admis dans le cénacle, doit s'être montré capable de ne manger ni bifteck, ni poulet, ni gibier pendant quarante jours de suite ;

Il doit remplacer ces mets succulents par un brouet noir à l'instar de Lacédémone, qui dure tout le temps de l'épreuve, matin et soir, sans aucune variation.

Je remplis à mon grand honneur les conditions du programme, et mon diplôme me fut accordé à l'unanimité des votes.

Ce diplôme devait être pour moi une lettre d'introduction pour les meilleurs salons de Londres.

Lord Williamsbury, membre de notre société et qui appartient à la plus haute aristocratie, me fit connaître bon nombre de lords dont les noms sont inscrits sur l'*Almanach de la pairie*.

Par lui, je fus introduit au club de la *Marine et de l'Armée*, ainsi qu'à celui des *Incorruptibles* et des *Pantalons collants*.

Partout je fus accueilli avec enthousiasme. Le noble lord, mon cornac, faisait tellement mon éloge que je ne pouvais m'empêcher d'en rougir.

La confiance que j'inspirais était vraiment extraordinaire. Me trouvant une fois aux courses d'Epsom, on me laissa parier sur parole jusqu'à huit cents livres sterling, que je fus assez heureux pour gagner.

Je fis aussi la connaissance de plusieurs grecs, avec lesquels je dévalisai ces bons cokneys de la cité de Londres.

Quand nous avions trouvé quelque étourneau bon à plumer, voici comment nous procédions :

L'un de nous, Goldmore ou tout autre, l'invitait à passer la soirée au théâtre de Covent-Garden ; moi-même j'avais le soin de m'y rendre, de mon côté. Après le deuxième entr'acte la victime éprouvait généralement le besoin d'offrir des rafraîchissements à son cher Goldmore, ou bien c'était Goldmore qui offrait de se rendre au buffet.

Bras dessus, bras dessous, l'un et l'autre passaient donc au foyer, et je faisais en sorte de les y rencontrer.

Goldmore me présentait au susdit cokney comme son meilleur ami, et nous restions tous les trois ensemble pendant le reste de la représentation.

Après le théâtre venait le souper, et après le souper le jeu.

Je n'ai pas besoin, sagace lecteur, de vous dire le dénoûment.

Au club de la *Marine et de l'Armée,*

j'acquis une réputation de gallophobie tout à
fait à mon avantage.

Comme tous les grands hommes d'Etat de
l'Angleterre, j'excellais à sonner à propos le
tocsin d'alarme.

— « Le gouvernement français équipe taci-
tement une flotte à Cherbourg ; les arsenaux
de Toulon et de Brest regorgent de canons
rayés. Une invasion française est imminente
m'écriai-je sur tous les tons. L'Angleterre
n'a pas le droit de s'endormir sur les lauriers
de Waterloo ; Louis Veuillot lui en veut... »

J'eus l'honneur de créer le premier régi-
ment de riflemen qui a servi de modèle à
ceux qui existent aujourd'hui.

On voulut me nommer par reconnaissance
commandant de cette brillante troupe. J'eus
la modestie de me dérober à ces honneurs et
n'acceptai que la charge de trésorier.

Je ne tardai pas à éprouver le péril d'une
pareille situation. Placé à la source de la

fortune, je ne sus pas résister aux désirs d'approbation qui me sollicitaient.

Je faillis une fois encore, et partis avec la caisse des riflemen pour les Etats-Unis d'Amérique.

Pendant la traversée, je fus assez heureux pour faire la connaissance d'un capitaine des pompiers de New-York.

Aux Etats-Unis, être *fireman* dispense d'un titre de noblesse.

Le capitaine Fisher, c'était son nom, avait une nature généreuse et franche jusqu'à la brutalité.

Je lui racontai que j'allais étudier la société anglo-américaine, étant philosophe de mon état.

Mon brevet de rifleman et mon diplôme de membre de la société de tempérance de Londres lui donnèrent de moi la plus haute opinion.

Par son entremise, je fus même, dès mon

arrivée à New-York, enrégimenté dans le corps des pompiers de Brooklyn.

Le lendemain, un incendie abominable ayant éclaté dans un chantier de marine, je me distinguai par ma bravoure et mon sang froid.

Je comprenais pourtant que de pareils succès ne pouvaient pas me conduire bien haut.

J'eus recours alors à un moyen que je vous recommande, si vous voulez jamais éblouir les Américains, cher lecteur !

Mademoiselle Rachel venait d'arriver à New-York et allait donner sa première représentation dans cette ville et dans le Nouveau Monde.

Les Yankees étaient naturellement avides de l'entendre.

Vous devez savoir qu'en Amérique les places de théâtre sont mises à l'enchère lors des représentations extraordinaires. C'est

alors à qui pourra se procurer les plus con-
venables, et chacun veut l'emporter sur les
autres par sa fastuosité.

Je payai ma place trois mille dollars (près
de seize mille francs), ce qui me posa dans
un état de sérieuse *respectability*.

Le lendemain, je reçus des lettres de tous
les restaurateurs et de tous les propriétaires
d'établissements publics, par lesquels j'étais
invité à honorer leur maison de mes visites.
Ma seule présence était une *attraction* pour
la foule.

Quelques faux Jud essayèrent sur divers
points de la ville de se faire passer pour
moi; en sorte que l'on vit plusieurs cafés
arborer une affiche ainsi conçue :

LE SEUL VÉRITABLE JUD

FRÉQUENTE

L'ÉTABLISSEMENT.

En raison de l'engouement général, je me fis grassement payer ma présence chez les restaurateurs, cafetiers et directeurs de jardins chorégraphiques.

J'étais constamment en festins ou en parties fines, et mes émoluments augmentaient en proportion de mes consommations.

Les femmes participèrent à cette émotion générale. De nombreux poulets roses, bleus ou verts me furent adressés.

Je n'en citerai qu'un seul pour ne pas fatiguer votre bienveillance :

« Illustre étranger,

« Je ne vous connais pas et aspire à l'honneur de m'entretenir avec vous.

« Je suis jeune, libre et riche; quant à la beauté, je puis dire, sans me flatter, que j'en suis abondamment pourvue.

« Je mets ma jeunesse, ma richesse, ma

beauté à vos pieds, et vous prie de m'attendre chez vous demain, à deux heures de l'après-midi.

« AMALIA C...

« *Broadway*, 261. »

Je ne manquai pas, on le pense bien, d'être chez moi au rendez-vous.

Amalia fut charmante et pas du tout bégueule.

Nous échangeâmes un anneau et convînmes que nous nous marierions prochainement.

Mais Amalia avait un frère, lequel, gros butor qu'il était, s'avisa de trouver mauvaise la conduite de sa sœur et m'accusa de l'avoir détournée du sentier de la vertu.

Sur ce motif invraisemblable, il me souffleta ignominieusement en public; de sorte que je fus obligé de le tuer en duel.

Ma besogne faite, je passai chez Amalia,

qui m'appela meurtrier et me jeta à la face
l'anneau que je lui avais donné.

J'essayai vainement de la calmer, lui disant que l'amour doit tout faire excuser. Elle
n'y voulut pas entendre et me fit chasser de
chez elle par ses valets.

Quoique je n'eusse pas trop compté sur
mon mariage avec Amalia C..., je fus néan-
moins fort affecté de le voir échouer.

L'aventure avait fait du bruit et ma réputation de gentleman commençait à s'éventer.

Je dis adieu à la cité de New-York et me
dirigeai vers San-Francisco.

Le nom de la Californie sonnait depuis
quelque temps à mes oreilles avec des réson-
nances métalliques. Durant mon sommeil, je le
voyais inscrit en lettres ignées sur le rideau
noir de mes nuits, et des légions de démons
me l'indiquaient du bout de leur ongle acéré.

Je m'arrêtai quelques jours à Washington.

Le congrès discutait en ce moment la

grande question de l'émancipation des esclaves.

Les orateurs des Etats du Sud montrèrent une violence qui n'a jamais été égalée.

L'un d'eux, n'ayant pu réussir à convaincre son adversaire antiesclavagiste, l'attendit au sortir de la salle des séances et lui tira un coup de revolver à bout portant.

Les paroles s'envolent, mais le revolver persuade.

Je rencontrai à Washington un personnage dont on a beaucoup parlé à cette époque, et j'inscrivis son nom sur mes tablettes de voyage.

Je veux parler de Grellet qui, avec Carpentier, était accusé de détournement au préjudice du chemin de fer du Nord.

Grellet était un élégant jeune homme; sa toilette correcte annonçait des habitudes de luxe.

Nous n'eûmes pas le temps de nous lier, et j'avoue que j'en eus alors du regret.

J'arrivai enfin sur les bords du Rio-Santo.

Je fus d'abord très-désillusionné.

Je pensais voir ruisseler les pépites dans les ondes d'un fleuve magique.

Le Rio-Santo roulait force limon et ressemblait à ces ruisseaux dont parlent d'Urfé et Fénelon, qui charrient des crèmes au chocolat et à la pistache.

Toute cette bergerie-là ne faisait pas trop mon affaire.

Par exemple, les habitants de San-Francisco et de la Californie, au lieu de ressembler à des moutons, rappelaient sans désavantage les loups de Thrace et les tigres d'Hyrcanie.

Je compris que là encore, plus qu'au congrès de Washington, le revolver était roi.

Je me munis en conséquence d'une provision de balles coniques de Devisme et d'un carabine monstrueuse pour chasser l'éléphant; puis, ayant obtenu une concession, je me dirigeai vers les gisements aurifères avec une troupe d'ouvriers déterminés.

Les commencements de l'occupation furent relativement paisibles.

Mais, au bout de quelque temps, des difficultés de toute sorte vinrent m'assaillir. Mes ouvriers se révoltaient ou me quittaient pour aller travailler dans les *placers* voisins.

C'est ici que se place un événement sinistre (je ne puis que vous l'indiquer) dont les suites ont rejailli sur toute ma vie.

La soif de l'or me conduisit au meurtre. En faisant cet aveu, ô lecteur, je sens monter en moi les flots tumultueux du remords.

Le sang d'Abel a souillé mes mains fratricides, et la tache rouge ne s'effacera jamais... jamais!

J'ai voulu me suicider pour me débarrasser

de ma conscience irritée; mais Dieu ne l'a pas voulu et m'a livré aux furies vengeresses de l'expiation.

Je quittai précipitamment les Etats-Unis; car vous savez de quelle manière expéditive se rend la justice en ce pays, et je courais le risque d'être *lynché*.

Un navire français me débarqua au Havre, et je traversai Paris en toute hâte pour me rendre immédiatement auprès de ma famille.

CHAPITRE TROISIÈME

J'ai beaucoup réfléchi sur les mauvais instincts des hommes et sur l'assassinat, en particulier.

Dieu me garde d'essayer la réhabilitation de Caïn, le maudit de Dieu !

L'Opéra-Comique, lord Byron et l'école satanique se sont depuis longtemps chargés de ce soin.

Manfred, ô candide lecteur, vous a fait
verser un torrent de larmes; le Corsaire, ô
sensible lectrice, vous a terriblement émue.
Vous vous êtes apitoyés sur le sort de l'un
et de l'autre, ô lecteur, ô lectrice, même
après une page des *Contes moraux* de Mar-
montel ou de *la Morale en action*.

Il s'est trouvé des écrivains qui ont considéré le crime tout simplement comme
une ineptie. L'un d'eux a édité la pensée
suivante :

« Dans cette époque critique, pour exister
selon les conditions d'existence que les né-
cessités sociales nous imposent, nous n'a-
vons plus que deux mots à comprendre, une
fois pour toutes : *dupe* et *civilisation*.— Un
crime, c'est une bêtise. »

Le public a lu cela sans sourciller.

D'autres, philosophes de l'école moderne,
ont prétendu que Robespierre était un Escu-
ape qui pratiquait la saignée largement.

Victor Cochinat a écrit la vie de Lacenaire, que d'aucuns ont considéré comme un grand artiste en vers et en prose, voire même en coups de poignard.

Quant aux jésuites, on sait ce qu'ils pensent du régicide.

En vérité, je vous le dis, écrivains et poëtes de mon temps, Sancho mettrait bien son mot dans la question : cela serait très-gai, si ce n'était si triste !

Entrez donc chapeau bas dans la logique des faits, vous qui consentez à créer de pareils personnages ; leur donneriez-vous la main si vous les rencontriez dans le monde ?

Au surplus, la littérature corruptrice et corrompue ne date pas de nos jours.

Ce champignon vénéneux a poussé jadis en plein jardin du xviiie siècle avec une pullulante fécondité.

Le Curé Meslier, les Bijoux indiscrets, les *Contes* de Grécourt, sans parler de *la*

Pucelle, du *Sopha*, de *Faublas*, des *Liaisons dangereuses*, des *Égarements du cœur et de l'esprit*, — j'en passe et des plus malsains, — charmaient nos aïeux d'avant 89 ; et vous les lisez aussi, chers lecteurs, avant de vous endormir, entre une incongruité badine de Paul-Louis Courier et un de ces petits livres intitulés : *Confidences d'une ballerine*, ou *Mémoires d'un teinturier*, que M. Philarète Chasles appelle si bien des « vespasiennes pour l'égoïsme ».

Et, sans prendre mes exemples dans la catégorie des épaves du roman, prenez parmi les œuvres les plus illustres des plus grands maîtres.

Clarisse Harlowe ?

Parlons-en ! Le héros est un empoisonneur qui violente un corps inerte.

Et *Don Juan ?* Le beau type ! Voici un homme, dirait Shakespeare ! En vérité...

Jugez-en plutôt :

Un grand homme, en effet, qui assassine le père pour avoir la fille et qui raille le cadavre ressuscité, — sans compter M. Dimanche, berné, et le fameux *mille-tre* de femmes mises à mal.

Je comprends que cette glorification du crime soit de quelque effet au théâtre. La guitare et le pandero font rage, les castagnettes cliquettent avec accompagnement de feux de bengale et de fusées à la Congrève, au besoin.

Mais la chose en est-elle plus morale?

C'est au goût des lecteurs et des spectateurs, me répondrez-vous. Eh! c'est là que gît le mal précisément.

Cette fois, je m'adresse à vous, lecteur, et je vous dis : Toucheriez-vous la main à Manfred, un meurtrier qui s'en fait gloire et accuse la société au lieu de s'accuser lui-même? Inviteriez-vous à dîner le Corsaire? Présen-

teriez-vous don Juan ou Lovelace à madame
votre épouse ?

Et tenez, bénévole lecteur, non-seulement
vous applaudissez et encouragez le mal, mais
encore, — oh! ne vous récriez pas, je tiens
à dire toute la vérité ; — mais encore vous
êtes quelque peu assassin vous-même.

Vous êtes médecin, je suppose. — Sans
aller sur les brisées de Molière, ne puis-je pas
dire que plus d'un malade est mort par votre
faute?

Vous êtes restaurateur. — Combien avez-
vous vendu de vins sophistiqués, empoison-
nés ; combien de viandes malsaines faites
pour détériorer les estomacs les plus ro-
bustes ?

Vous êtes avocat. — Êtes-vous sûr, par
votre maladresse, de n'avoir laissé condamner
aucun innocent?

Vous êtes financier. — Vos spéculations
déshonnêtes n'ont-elles pas conduit plus d'un

de vos actionnaires au désespoir et à la mort?

Vous êtes journaliste. — Combien sont morts fous, tués par les blessures acérées de vos calomnies?

Voulez-vous que je poursuive l'énumération?

Faut-il parler de vous, femmes vénales, qui dissipez le patrimoine des fils de famille et les conduisez à la misère et au suicide?

O Dalilahs, ô Omphales, ô Hérodiades, ô Judiths, ô Armides, assassins patentés, où sont-ils ceux qui ont bu le vin de vos caresses?

Comptez-les, maintenant! Quand vous direz que vous les avez aimés, ils ne se lèveront pas pour vous démentir.....

L'assassin qui tue avec le poignard est moins méprisable que vous, et je vous comparerais au fumier si je ne craignais pas de l'humilier.

Oui, je suis devenu meurtrier, et j'ai encore

le droit de vous mépriser. Du moins je n'as-
sassinais pas froidement et à coups d'é-
pingles.

Le torrent des passions m'emportait.

Et maintenant je me repens ; vous, vous
ignorerez toujours le repentir. Vous sourirez
encore à d'autres, et d'autres mourront de
votre main.

.   .   .   .

Il me faut reprendre maintenant le fil de
mes aventures.

En quittant la Californie, ainsi que je vous
l'ai dit dans le chapitre précédent, je revins
en France.

Je ne m'arrêtai pas à Paris, quoique les
tristes exploits dont j'avais déshonoré mon
nom aristocratique d'emprunt fussent sans
doute oubliés.

Je m'en fus tout droit au village, je voulais revoir le vieux clocher qui avait couvert

de son ombre le toit de mon père; je voulais
essayer de trouver, dans ces émotions fraîches
et fortifiantes que l'on éprouve en face de la
nature, quelque chose de la vie innocente et
pure que je n'avais jamais connue.

O punition céleste! mon nom était dans mon
village synonyme de bandit et de forçat libéré.

Un crime qui a effrayé le monde, et dont on
ne parle encore qu'en tremblant, venait d'être
commis;

J'appris que j'étais soupçonné de ce for-
fait monstrueux!

La réprobation des hommes s'attachait à
moi comme la robe de feu s'attachait aux
flancs de Nessus.

Non, il ne m'était pas permis de m'asseoir
au banquet des gens de bien.

Moi aussi j'étais maudit, et tout le poids
de mes forfaits retombait sur mes épaules.

Pouvais-je me livrer à la justice et lui dire:
« Je suis innocent. » Mais mon passé, il au-

rait fallu en répondre, et c'était aller au-
devant de la répression.

Qui sait même si la justice ne se serait pas
égarée!

Je pris le parti de fuir et, nouveau Juif
errant, d'aller de par le monde jusqu'à ce
que je trouve une pierre pour abriter ma
tête.

Je commençai par couper complétement
ma barbe et par revêtir un costume d'ouvrier.

Je passai la frontière du côté de Nantua
et me trouvai en Suisse, où j'appris que le
télégraphe jouait dans toutes les directions,
colportant mon signalement et l'ordre de m'ar-
rêter.

A Genève, étant entré dans un café, je fus
appréhendé au collet par un monsieur se disant agent de police, qui me déclara que j'é-
tais Jud, le meurtrier signalé par la police
française.

On consulta ma photographie, et comme ma barbe avait disparu et que mes cheveux bruns étaient devenus blonds, car j'avais eu le soin de les teindre, je ne fus pas reconnu.

L'alerte avait été un peu vive, et je me hâtai de descendre en Italie, où j'espérais trouver, grâce à l'état de guerre de ce pays, à me dissimuler plus facilement.

Le chapitre suivant vous apprendra comment j'y employai mon activité.

CHAPITRE QUATRIÈME

J'étais arrivé à Rome.

Je ne savais quel costume prendre. J'en avais déjà si souvent changé, que mon imagination était à bout.

J'avais bien songé à faire revivre un peu, dans la campagne romaine, ces histoires fantastiques de bandits féroces qui font la joie et la terreur des touristes anglais et des ladies mélancoliques.

Mais je renonçai à ce projet : le cardinal Antonelli aurait pu m'inquiéter ; car, quelque fils de bandit qu'il soit (voir *la Question ro-*

maine d'Edmond About), il pouvait bien avoir
changé les théories paternelles en même
temps que sa casaque de paysan.

Je quittai donc Rome, sans dire adieu à ce
diable en robe rouge.

Je devais être plus en sûreté dans les
Abruzzes, et je résolus à regret, je l'avoue,
de me présenter au généralissime de François II qui tenait la montagne, le grand Chiavone, premier du nom.

Dès que j'eus dévoilé mon incognito et que
j'eus fait savoir mon arrivée dans le camp
des défenseurs du vaincu de Gaëte, ce ne fut
partout qu'acclamations et cris de joie.

J'avais beau vouloir me dérober au délire
et à l'enthousiasme de mes admirateurs, je
n'y pouvais réussir.

Si j'étais venu dans la montagne en voiture, sans nul doute on eût dételé mes chevaux pour me traîner en triomphe jusqu'à
ma tente, comme autrefois, il y a de longues

années, l'on dételait les chevaux du car-
rosse du pape, après la publication d'un ju-
bilé ou de quelque amnistie générale.

Les femmes qui étaient dans le camp venaient me supplier de bénir leurs enfants.
Trois goutteux et un paralytique, qui s'étaient
obstinés à se mettre sous la protection de
Chiavone, vinrent me demander l'imposition
des mains dans l'espoir que je leur procure-
rais guérison immédiate.

Après une nuit passablement agitée par
des rêves ambitieux, je reçus au lever de
l'aube un message de Chiavone ; ce message
contenait le brevet d'adjudant général de son
camp fortifié, en même temps que la promesse
du grand cordon de son ordre à la première
promotion.

Tant d'honneurs me comblaient !

Une heure après, j'entendis un roulement
général dans le camp : c'était le signal de se
tenir prêt pour un coup de main.

Je me revêtis d'un splendide uniforme, que je devais à la munificence du général en chef.

Je demandai en quoi devait consister l'enreprise à laquelle nous allions nous livrer; et l'on m'apprit que nous partions pour venger les Napolitains des rapines et des cruautés exercées par les soldats de Victor-Emmanuel, et pour apprendre aux populations à aimer et à respecter le nom immortel de François, roi de Naples et de Sicile.

La perspective de dangers à subir et de gloire à récolter faisait battre mon cœur. Nous descendîmes des montagnes et nous commençâmes, sous le prétexte de..... au fait, je n'en sais trop rien, demandez à Chiavone... nous commençâmes, dis-je, à mettre le feu au village de S... et à massacrer les habitants.

L'affaire fut chaude, et ce ne fut pas sans peine que nous remportâmes la victoire.

Quelques soldats violaient les femmes sans

défense ; d'autres massacraient les vieillards ou fracassaient la tête des enfants.

J'en étais écœuré, n'ayant jamais vu pareille chose.

Je ne comprenais pas très-bien, d'ailleurs, le rapport qui existait entre l'amour que nous devions inspirer à ces bons paysans et les cruautés que nous commettions. Je n'étais pas général en chef, et il me fallait bien obéir .

D'ailleurs, je vins à songer que je m'étais peut-être bien imprudemment mis à la merci de tous ces brigands, qui pouvaient me livrer à la justice de mon pays, si je refusais de marcher.

Le lendemain, nous revînmes au camp, couverts de sang, mais les poches très-bien garnies.

La nuit suivante, ne pouvant résister au remords, je m'enfuis sans tambour ni trompette et m'embarquai incognito sur un bateau qui faisait voile pour la Sardaigne.

Un violent coup de vent nous échoua sur la côte d'Afrique. Les autorités locales nous offrirent tous les secours nécessaires à notre position ; mais je me hâtai de leur dérober ma reconnaissance, craignant trop les suites que pourrait avoir leur bienveillance hospitalière à mon égard.

Je m'étais retiré dans un bois voisin, lorsque j'aperçus à mon grand contentement une barque de pêcheur échouée sur le sable.

Dans la barque étaient des ustensiles de pêche, des provisions et la défroque de quelques matelots.

A l'aide de toile à voile, je fis deux roueaux, que je surmontai chacun d'un chapeau de marin, après les avoir couverts d'une vareuse, et je les couchai de façon qu'au crépuscule, et vus de loin, ils eussent une apparence de corps humains ; car je craignais que si, après avoir lancé ma barque à la mer, l'on s'apercevait du rivage qu'elle était montée par un seul homme, cela n'éveillât des soupçons.

Quelques instants après, j'avais hissé la voile, et je voguais en pleine mer.

L'homme propose, Dieu dispose.

Trois jours après, malgré tous mes efforts, les vents me jetaient sur les îles d'Hyères.

A peine avais-je touché terre, je n'eus que le temps de me sauver dans l'intérieur de l'île, car je vis s'approcher des douaniers qui venaient inspecter ma barque.

Le surlendemain j'étais à Marseille, grâce à l'argent que Chiavone Ier avait récolté, sous couleur du denier de saint Pierre ; j'achetai une chaîne d'or et des breloques qui me donnaient l'air d'un armateur retiré des affaires.

Ayant pénétré dans un café, je pris le *Siècle*, et, à peine l'avais-je ouvert que je ne pus me dérober à une hilarité extrême en lisant une histoire ténébreuse de sauvages, dont on ignorait la couleur et le nombre, qui, après s'être emparés d'un bateau de pêche et être venus échouer aux îles d'Hyères, avaient disparu dans les montagnes de Provence, on ne sait comment.

Ce récit, dont j'étais l'unique héros, avait été tellement amplifié et recouvert de couleurs épiques, que je ne pus m'empêcher de me comparer à l'un de ces vaillants que chantent les Homère et les Arioste.

Malheureusement les poëtes du *Siècle* ne sont pas même à la hauteur des Baour-Lormian et des Campistron.

CHAPITRE CINQUIÈME

La destinée m'avait donc ramené en France.

Je pensai que je devais m'abandonner à elle, et qu'il n'était peut-être pas trop maladroit d'aller à Paris, où assurément l'on ne pouvait guère me supposer.

Je partis d'abord pour Lyon, où je m'arrêtai quelques heures. J'employai ce temps à aller au théâtre, où l'on m'avait dit que l'on donnait *Tartufe* par Régnier et madame Arnould Plessis.

Au lever du rideau, je fus odieusement trompé, car j'assistais à la 377e représentation du *Pied de mouton*, féerie en quatre-vingts tableaux, renouvelée des Grecs ou de Martainville pour le plus grand plaisir des Lyonnais.

J'assistai à des danses extrêmement libres et, m'étant informé auprès d'un voisin du rapport qu'il pouvait y avoir entre une pièce de théâtre quelconque et les contorsions des danseuses du Casino-Cadet de Paris, j'appris que le directeur du théâtre de Lyon avait voulu suivre l'exemple de celui de la Porte-Saint-Martin, ce qui ne m'expliquait rien du tout.

Mais je n'en persistai pas moins à demander *Tartufe.*

Mon complaisant voisin me dit que *Tar-*

tufe avait été interdit à Lyon pour vexer le vaincu de Thorigny, qui s'obstinait à en demander la représentation dans son journal *le Siècle*.

Tous ces renseignements, ajoutait mon voisin, étaient puisés dans la lecture journalière du journal susnommé.

Je demandai quel besoin monsieur Havin pouvait avoir à réclamer une représentation du *Tartufe* à Lyon, alors qu'on le joue tous les jours à Paris.

Mon voisin ne me donnant pas de réponse, je supposai que la rédaction démocratique du *Siècle* ne cherchait à détourner l'attention publique sur la question du *Tartufe* qu'afin de faire oublier l'échec éprouvé, aux élections de Thorigny, par son représentant et chef, monsieur Havin.

A minuit, je pris le chemin de fer et arrivai le matin à Paris.

Je descendis à l'hôtel du Louvre, sous le

nom de Larfouillat, capitaine au long cours.

Je dînai le soir à la table d'hôte, en nombreuse et belle société.

Je remarquai nombre de femmes ravissantes, surtout de gracieuses Anglaises, pleines de distinction et d'élégance. Je ne pus m'empêcher de parodier un mot célèbre : « Décidément, il fait meilleur ici que chez Chiavone. »

C'était un mercredi ; je voulus employer ma soirée à revoir mon joyeux Paris d'autrefois.

On me dit qu'il était réuni en son élite aux Champs-Elysées, soit aux Concerts Musard, soit au Château des Fleurs.

Je montai dans un phaéton et me fis descendre d'abord aux Concerts Musard.

J'avais lu dans le *Figaro*, en prenant mon café, que c'était là le séjour de la vertu à Paris, et j'étais curieux de m'en assurer par moi-même.

Peste, mesdames honnêtes, mes compliments !

Quelles toilettes ! quelles charmantes figures !

Mon pauvre monsieur Barrière, vous avez eu bien tort de faire dire à votre Desgenais : «Place aux honnêtes femmes qui vont à pied!» car je ne vis à la porte de cet établissement que splendides calèches et coupés rivalisant de luxe et de bon goût.

Cependant, après une demi-heure de promenade, je me demandai si, par hasard, le mot de Desgenais n'était pas celui de la vérité, et si monsieur de Besselièvre, le directeur de cet Eden, n'avait pas, d'aventure, surfait la vertu de ses habituées.

Ma foi, je ne veux médire de personne et prononcer sans appel sur une question aussi grave.

A vous, lecteurs, de juger en dernier ressort !

J'achevai ma soirée au Château des Fleurs.

Je fus charmé tout d'abord par les illuminations féeriques, par la musique de l'orchestre et par les jolies femmes qui circulaient dans les allées.

Je m'assis dans un fauteuil, et, comme un sultan paresseux, je restai là, immobile, ouvrant tous mes sens aux flots de sensations qui venaient m'assaillir.

Les femmes allaient et venaient, rieuses ou nonchalantes. La musique m'envoyait tour à tour ses strettes enivrantes et ses mélodies mélancoliques.

Je me sentis peu à peu envahir par une douce somnolence.

A travers les molles bouffées de mon cigare, chaque objet s'enveloppait d'une vapeur de rêve, et je ne sais si toute cette soirée ne fut pas, en effet, un rêve.

Les danseuses, enivrées de jeunesse et de gaieté, rappelaient ces bacchantes de l'Attique qui foulent le sang de la grappe et tournent, éperdues, jusqu'à ce qu'elles tombent de fatigue ou de volupté.

Et ces folles bacchantes allaient, tournant toujours, et me jetaient en passant des paroles railleuses et obscènes.

— Regarde-moi, disait l'une, je suis la Luxure; c'est moi qui ruine l'intelligence, je me nourris d'or et de sang.

— Moi, disait une autre, je suis l'Avarice, et je spécule sur ta générosité pour m'amasser une fortune.

— Tiens, me disait une autre, je suis la Paresse, c'est moi qui atrophie toute énergie et qui endors la fierté et l'indépendance.

— Moi, je suis l'Envie ; il me plaît de te voir t'humilier à mes genoux et me faire litière de ton honneur et de tes affections de famille.

— Moi, je suis l'Orgueil, et, ne pouvant être qu'un fantôme mensonger, je veux me parer de ton nom et de ta renommée pour éblouir les sots et les imbéciles.

—Moi, je suis la Gourmandise ; mon ventre a sucé tout ce que j'avais dans la tête et dans le cœur, je vis pour les soupers, et je préfère le champagne aux soupirs de Werther et de Grandisson.

— Moi, je suis la Colère, et je déchirerai ton cœur avec mes dents et mes ongles furieux....

Et elles tourbillonnaient toujours autour de moi, me jetant injures sur injures.

Ce que j'avais vu là, était-ce l'image de mes débauches passées, ou bien était-ce celle de la vie réelle qui s'agitait autour de moi ?

Hélas ! hélas ! je crois que c'étaient l'une et l'autre.....

Je me sentis tout à coup secoué fortement par l'épaule: c'était un des inspecteurs du bal, qui me faisait remarquer que j'étais seul dans les jardins et que tout était éteint.

Je regagnai mon hôtel en toute hâte, et je me disais, à part moi, que ces femmes que j'avais entrevues étaient des assassins tolérés par la loi.

CHAPITRE SIXIÈME

Le lendemain, en m'éveillant, je me préoccupai de savoir comment j'emploierais cette nouvelle journée.

Comme j'avais le projet d'écrire mes Mémoires, je voulus d'abord me mettre au courant des diverses brochures qui avaient paru récemment ; car il est bon, avant de se présenter au public, d'être bien sûr de pouvoir dire son mot sur les questions actuelles.

Avant de me rendre chez les libraires dé-
bitants de brochures, je m'arrêtai un instant
au café Riche ; je pris le *Figaro-programme*,
non pour y lire la prose toujours charmante
du jeune et blond Adonis (prononcez Jules
Prével) qui est l'oracle de ce journal, mais
pour voir aux annonces les spectacles du
jour.

On annonçait une représentation extraordinaire à l'Hippodrome, à laquelle devaient as-
sister les ambassadeurs des rois de Siam.

La tentation était trop forte, je renonçai
pour ce jour-là aux affaires sérieuses, et je
m'acheminai vers l'Hippodrome.

J'ai lu quelque part que Louis XIV, le roi-
soleil, s'était laissé tromper par quelques in-
dustriels qui vinrent à sa cour sous le titre
mensonger d'ambassadeurs du roi de Siam.

Je n'étais pas fâché, moi, infime et chétif,
de voir un spectacle qu'un roi tel que
Louis XIV n'avait vu de sa vie.

Les journaux politiques ont fait, tour à tour, beaucoup de bruit autour de ces jeunes enfants du vieil Orient, venus à Paris pour admirer les merveilles de notre civilisation faisandée.

O gens civilisés de France et d'Europe, combien vous êtes spirituels envers ces naïfs étrangers :

« Ces braves Siamois sont malpropres et se mouchent commes les lanciers de la préfecture de police (les balayeurs). — Ils mangent avec leurs doigts. — Ils ont une queue par derrière comme les ouistitis, — etc... etc... »

Tels étaient les propos du journalisme du grand format et ceux aussi du peuple parisien, qui, on le voit, n'est pas aussi hospitalier que le peuple écossais.

Il n'y eut que monsieur Delamarre, l'autocrate du journal *la Patrie*, qui, embourbé dans les *eaux de la Seine*, ne lança pas son mot.

Mais arrivons à l'Hippodrome. Une immense affiche, placée en vedette aux abords de l'arène, indiquait que la représentation était donnée au bénéfice d'une jeune écuyère blessée quelques jours auparavant. J'étais heureux, en assistant à un pareil spectacle, de m'associer à une œuvre de charité.

Dès que j'eus franchi la porte d'entrée, j'aperçus une loge, aux couleurs voyantes, qui ne pouvait être que celle des ambassadeurs.

Le spectacle commença.

Les ambassadeurs n'arrivaient pas.

Ce furent d'abord des courses plates, la chose la plus banale du monde.

Vint ensuite une parodie de *Robert Macaire et Bertrand*. Le sujet me plut. Mais mon voisin me désillusionna en me racontant qu'il y avait dix-neuf ans qu'on jouait cette pantomime.

Les ambassadeurs n'arrivaient point !...

On représenta après cela une course de
taureaux espagnols; vous allez en juger:

Les taureaux consistaient en deux chevaux,
revêtus de robes couleur de celle que la
nature a donnée aux animaux de l'espèce
bovine, et coiffés de cornes postiches agré-
mentées de clinquant et d'or.

Vous avez vu l'enseigne du *Bœuf à la
mode.* C'était tout aussi carnaval.

Quand les écuyers, transformés en pica-
dores, agitaient leurs banderoles rouges, les
taureaux-Sosies, au lieu de s'effaroucher,
reconnaissant leurs maîtres, qui les avaient
dressés la veille, bondissaient vers eux avec
joie, et le bon public de frémir, craignant
l'effusion du sang.....

Et les ambassadeurs n'arrivaient point !...

La première partie de cette charmante
représentation était terminée.

La seconde commença par des manœuvres
à cheval exécutées par les écuyères de mon-

sieur Arnault déguisées en amazones, emblème significatif de la sauvagerie qu'elles n'ont pas.

La manœuvre se termina par beaucoup de poussière.

L'on exécuta ensuite un épisode de la guerre d'Afrique, avec vingt soldats représentant l'armée française et vingt autres revêtus de burnous, simulant l'armée des Kabyles.

Morts et blessés, tout le monde défila, au son de la reine Hortense.

C'était la fin de la représentation.

Les ambassadeurs n'étaient pas arrivés !!

O heureux monsieur Arnault! quel beau denier vous ont procuré ces ambassadeurs qui ne sont pas venus !

Et vous, mademoiselle Clotilde, charmante bénéficiaire, que de remercîments vous leur devez pour la brillante recette que vous avez dû recevoir !

Je revenais, fort déçu de mes espérances, lorsque, sur une vaste affiche, mes yeux lurent l'annonce d'une grandissime fête au Parc d'Asnières, donnée toujours en l'honneur de la présence de Leurs Excellences les ambassadeurs siamois.

Comptant me dédommager, cette fois, de ma déconvenue, je fis changer la direction de ma voiture, et, vingt-cinq minutes après, je m'asseyais à l'une des tables de *Cassegrain*, le Vatel d'*Asnières*.

J'y fis un succulent dîner. Le vin y était délicieux, et le repas était égayé par le spectacle animé des canotiers et canotières circulant de toutes parts.

Connaissez-vous Asnières et ses canotiers ?

Asnières-les-Bains est un gracieux village coquettement posé sur les bords de la Seine, qui n'a qu'un tort, suivant moi, c'est d'avoir trop de canotiers.

En effet, vous n'apercevez là que jeunes

gens criant et chantant, qui en chemise rouge, qui en chemise bleue, qui en chemise verte, etc... etc... jusqu'à extinction de toutes les couleurs du prisme.

Vous croyez, sans doute, que ces bons jeunes gens, qui chantent d'un air si exhilarant, s'amusent beaucoup? Détrompez-vous

Leur seul plaisir consiste à descendre dans un canot, à ramer pendant plusieurs heures, à s'échauffer, à se bousculer, à hurler des refrains insipides et cyniques, à s'abîmer les mains ; puis à s'attabler devant quelques pichets de vin, le plus vert possible, à l'instar des matelots hollandais.

Ils sont accompagnés, pendant toute la journée, par des êtres hybrides, vêtus comme eux de blouses et de vareuses, et répondant aux noms d'Amanda ou de Nini, de Fifine ou de Lolotte, qui dépouillent sans vergogne la pudeur féminine et fument, crient, hurlent et se grisent à qui mieux mieux.

Puis le soir, quand l'heure est venue de rentrer à Paris, canotiers et canotières quittent leurs triomphants costumes, montent en chemin de fer et, pour terminer dignement la journée, entonnent le *Beau Navire*, ou *Il était un matelot*, de façon à réveiller les paisibles indigènes dont le chemin de fer côtoie les habitations.

Je répète encore ma question : Croyez-vous que cela puisse s'appeler s'amuser ?

Je ne le crois pas !

J'avais terminé mon repas, et, après avoir allumé un cigare, je me mis à côtoyer les bords de la Seine, pour arriver au parc.

Cette promenade est ravissante.

Je fus vraiment saisi d'admiration en entrant dans l'enceinte du parc.

J'y étais bien allé, il y a quelques années, mais à cette époque tout y était en désordre : les allées incorrectes, l'éclairage mesquin.

Tout s'y est transformé, comme au toucher d'une baguette magique.

Ce ne sont que bosquets, plates-bandes verdoyantes, berceaux de fleurs illuminés à la vénitienne, kiosques orientaux, statues élégantes et variées. Tout cela n'a rien de banal, il faut être juste, et je n'ai pas peur de passer pour badaud en confessant mon admiration.

Après quelques tours de promenade, je m'enquis auprès d'un voisin de l'heure à laquelle devaient arriver les ambassadeurs siamois. Il me répondit qu'ils étaient peut-être déjà arrivés parmi la foule, et je me mis à leur recherche.

Dès mon entrée dans la salle de bal, nouvel étonnement; j'applaudis à l'excellente décoration que M. Meissonnier a su employer dans ce lieu d'oubli et de plaisirs.

Les illuminations étaient des mieux entendues. J'aperçus encore ici une loge dis-

posée pour les Siamois, ou que je crus décorée
à cet effet.

Pour attendre plus patiemment que ma
curiosité, éveillée à l'endroit des ambassadeurs depuis le matin, fût satisfaite, je me mis
à examiner le bal.

Ah! bon lecteur, quelle danse, grand Dieu!
C'était une sorte de danse de Saint-Guy, mo-
difiée par les rotations forcenées des der-
viches tourneurs.

Je remarquai, au premier rang, près de
l'orchestre, une petite femme, brune comme
une Espagnole, et que l'officieux voisin de
tout à l'heure me dit s'appeler Rosalba.

Il me serait impossible de vous dire les
sauts de grenouille réveillée par le galvanisme
de ce petit diable en jupon.

On me fit remarquer la grâce avec laquelle
elle levait la jambe; et véritablement, lecteur,
je n'admirai pas, mais je reculai de honte,
tant ses contorsions étaient lascives et avinées.

Mademoiselle Rosalba était imitée par mademoiselle Eugénie la Toquée et par plusieurs autres rivales en chorégraphie, dont
je ne me permettrai pas de rappeler les
noms.

Je me dis que ces femmes jouaient là le
rôle de l'ilote, et que les pères de famille
devraient bien conduire leurs fils en pareil
lieu pour les dégoûter à jamais des filles de
joie.

Ah! l'on a bien fait de supprimer les mu-
nicipaux, ils n'ont plus besoin de se voiler
la face.

Les ambassadeurs n'arrivaient pas!

Mais, en vérité, quelle idée auraient-ils eue,
s'ils étaient arrivés, de notre danse nationale?

On ne doit pas lever ainsi la jambe chez
eux; les Siamoises, de jaunes qu'elles sont,
deviendraient noires, à coup sûr, rien qu'à
voir les contorsions et les déhanchements des
danseuses d'Asnières.

A onze heures, on tira un fort joli feu d'artifice, et la musique militaire entonna une brillante retraite.

Les ambassadeurs n'étaient pas arrivés!!! Tout le monde se dirigea vers le chemin de fer, et je fis comme tout le monde.

Je n'avais pu voir les Siamois, mais j'avais assisté à un sujet d'étude plein d'enseignements.

CHAPITRE SEPTIÈME

Le lendemain, je me rendis dès mon lever
dans la galerie d'Orléans, chez Dentu, que
l'on me dit être l'éditeur ordinaire de toutes
les brochures politiques ou non politiques
parues depuis une année.

Je choisis dans le pêle-mêle toutes celles dont le titre me séduisit, ou bien celles que m'indiqua l'éditeur lui-même.

Ah! cher lecteur, expliquez-moi cette rage que les Français ont de mettre tout en brochure : depuis les Mémoires de Rigolboche jusqu'au discours de M. Keller, tout est brochure, et tout a la prétention, je suppose, de se faire lire.

Véritable pandœmonium baroque où s'embrouillent confusément toutes les sottises et toutes les vanités humaines.

Si je voulais, bénévole lecteur, vous entretenir de politique, j'aurais là, je le confesse, une fastidieuse besogne.

Tudieu! quelle énumération homérique, depuis Edmond About jusqu'à Louis Veuillot, et de M. de la Guéronnière à M. de Girardin, je pourrais entreprendre, au risque de vous ennuyer !

Que de copie cela me ferait pour mon

imprimeur, et la chose serait facile à faire :
je n'aurais qu'à transcrire le catalogue publié
en deux feuilles d'impression par M. Dentu ;

Mais le lecteur français veut être respecté !

Je ne vous parlerai ni de la *Lettre des étu-
diants* à propos des discussions parlemen-
taires, profession de foi politique des bam-
bins de Paris, ni de l'éloquence à douze at-
mosphères de M. Keller, déjà nommé.

Allez, allez, ô jeunes filles,
Cueillir des..... *discours chez Dentu.*

(*Odes et Ballades* de VICTOR HUGO.)

Je ne vous parlerai pas davantage des
brochures Mirès, éditées pour le grand
bonheur des épiciers, car la plaidoirie de
Me Plocque, vendue à raison de 10 centimes,
représente une valeur de papier supérieure.

La première édition de cette œuvre, vraiment cicéronienne, a été enlevée par la rue des Lombards et découpée en cornets à cassonade.

Je parcourus d'une main rapide les biographies d'une foule d'hommes célèbres que je ne connaissais pas la veille.

Et en vérité, cher lecteur, la célébrité s'acquiert aujourd'hui à bien bon marché.

Voici la recette :

Allez chez un photographe (je vous recommande principalement Pesme, le photographe artiste par excellence, et, après lui, Pierre Petit et Levitzsky), faites-vous pourctraire ; vous verrez d'abord ledit portrait collectionné dans l'album d'une foule de gens et exposé en maint endroit du boulevard, votre nom en exergue.

Vienne ensuite un écrivain ou un plumitif quelconque, lequel entretiendra le lecteur de vos exploits aux comices agricoles de Landerneau et de Yonville-l'Abbaye, et le tour est joué.

Plaudite, cives !

Je compulsai également tous ces Mémoires jaunes ou roses, éclos au printemps dernier.

Je lus les Mémoires de l'illustrissime danseuse des Délass.-Com...; mais, le livre terminé, je m'aperçus que l'on n'avait parlé que de monsieur Henry Delaage, commanditaire, sans doute, du susdit théâtre.

J'ouvris également un petit livre intitulé *Ces Dames*, que je pris naïvement pour un émule de l'ouvrage de Brantôme.

Déception ! Ces dames-là ne sont pas belles, et je vous avoue que je ne voudrais pas être leur historiographe.

Je vis ensuite *Markowski et ses salons.* L'auteur, après une énumération de toutes les célébrités chorégraphiques, se permet d'accoler outrecuidamment à leurs noms ceux de plusieurs de nos gloires littéraires : Xavier Aubryet, Gustave Claudin, etc... etc...

Qu'avez-vous dit, ô illustres, de l'audace de ce polisson d'auteur !

Ah ! si j'avais écrit un chef-d'œuvre de style et d'imagination comme *Point et Virgule* (l'avez-vous lu, lecteur ?... non ! Eh bien, point et virgule !), je serais allé trouver l'auteur d'un pareil opuscule, et, de ma vieille lame de Tolède, je lui eusse coupé les deux oreilles.

Citons encore *Le Quartier Latin*, élucubration dernièrement parue sans signature et dédiée à Henry Delaage. C'est une chose assez singulière qu'une dédicace sans nom d'auteur, et surtout lorsque cette dédicace a pour but de faire endosser, tout en conservant soi-même le couvert de l'incognito, à une personnalité plus ou moins célèbre, toutes sortes d'anecdotes de filles.

O bon monsieur Delaage, vous allez

devenir le Lovelace en perspective de toutes ces dames reconnaissantes!

Et, dans quelques années d'ici, les mères achèteront votre photographie et la montreront à leurs filles, en les prévenant qu'elles aient à se méfier.

Mais c'est assez parler de ces œuvres infimes, que l'avide Paris dévore chaque jour avec un appétit pantagruélique. Nous ne sommes pas arrivés au terme de toutes ces outrances gonflées de sottises.

Sous peu, je vous prédis qu'un écrivain se trouvera qui vous donnera l'histoire des femmes de l'ex-sultan Abdul-Medjid, chassées du sérail par le padishah actuel.

Et l'on imaginera, pour compléter la chose, de joindre à ces biographies d'alcôve les portraits et les adresses des susdites.

Revenons aux brochures, car il en faut bien parler un peu.

Tenez, en voici une qui m'a fort amusé:

c'est la lettre à monsieur Keller, à propos du discours prononcé par ce dernier au Corps législatif.

Il est grandement question de la personnalité de ce modeste monsieur About; en passant, on y parle de la *Question romaine*, de *la Grèce contemporaine*, du maire de Saverne et du prince Napoléon, et de tous les amis de monsieur Edmond About.

Réclames! réclames !

Monsieur Edmond About aspire aux grandeurs politiques, et les lauriers de M. Keller l'empêchent de dormir.

O bon jeune homme, le succès de *Maitre Pierre* et de *Guillery* ne peut donc suffire à votre ambition ?

Eh quoi! vous avez découvert une vingtaine de Titiens authentiques; vous êtes décoré, conseiller municipal, je crois, et vous ambitionnez encore de représenter à la tri-

bune soit le département des Landes, pour
lequel vous avez inventé le roman agri-
cole, soit le département du Haut-Rhin,
que vous honorez chaque année de votre
présence.

Voici maintenant les brochures de Louis
Veuillot : *Le Pape et la Diplomatie* ; *Waterloo*.

Monsieur Veuillot est toujours amusant,
je vous engage à lire son dernier opuscule
sur le cardinal Dubois. Voilà qui vous inté-
ressera, car monsieur Veuillot sait composer
des mets pour les blasés et les indiffé-
rents.

Vous avez cru que le cardinal Dubois était
un de ces polissons éhontés qui fleurirent
sous la régence? Détrompez-vous ! Nous sommes en train de le béatifier, nous le canoni-
serons un jour.

Monsieur de Montalembert, avec ses *Lettres
à monsieur de Cavour*; monseigneur Dupan-

loup, avec ses *Lettres à un catholique*, occupent un rang honorable parmi les écrivains de brochures.

« A la rescousse, le denier de saint Pierre ! Vivent Lamoricière et les vaincus de Castelfidardo ! Vivent François II et ses soldats ! »

Puis, voici la contre-partie : M. Cayla, qui ne veut plus du célibat des prêtres ; un anonyme, qui dévoile les turpitudes des jésuites et les règlements les plus secrets de l'ordre.

Plus de couvents ! dit celui-ci ; Vive Garibaldi ! proclame cet autre.

Et les niais d'applaudir.

Aussi, lecteur, je m'arrête ; je ne veux pas déflorer mes prochaines brochures politiques, car, apprenez-le, je prépare en ce moment plusieurs opuscules sur la question américaine, et sur l'isthme de Suez, et sur la réforme de l'empire ottoman, sujets de *hault goust, régals de haulte graisse*, comme dirait

maître Alcofribas Nasier, d'illustre mé-
moire.

A revoir et à bientôt, cher lecteur. Le chapitre suivant vous dira la fin de mes aventures
et de mes pérégrinations.

DERNIER CHAPITRE

CONCLUSION

Lorsque je fus parvenu à ce point de mes Mémoires, je fis la réflexion suivante : Ne pourrais-je pas maintenant inscrire au bout de la page ce bienheureux mot: *Fin*, qui fait la béatitude de l'écrivain, du prote et du lecteur.

Mais un scrupule me prit à la gorge, et je me dis qu'une conclusion à des aventures aussi multiples était indispensable.

Une préface, a dit Théophile Gautier, est la pudeur d'un livre ; une conclusion, dirai-je, en est la politesse ;

Ou, si vous voulez encore, un livre sans conclusion est un poisson sans sauce.

Quelques réflexions ne seraient donc pas déplacées ici, en manière de morale. Je viens

de relire la longue affabulation de mon
odyssée homérique, et, je l'avoue, j'éprouve
maintenant un violent remords à voir toutes
les confidences que je n'ai pas craint de
vous faire.

Ah! pour bien peu de chose, que je jetterais
tout cela au feu !

Je rougis d'avoir révélé d'aussi noires
turpitudes ; mais, au fait, de plus illustres
que moi en ont fait bien d'autres.

Si je descends au fond de ma conscience,
si je consulte les mobiles de mes actions
diverses et les circonstances dans lesquelles
elles se sont accomplies, le plus honteux de
mes crimes a consisté dans la fondation de
tripots clandestins ; toutes mes autres fautes,
étant le produit des passions orageuses et
de l'emportement, contiennent une atténua-
tion que le lecteur a déjà saisie.

Seule l'exploitation des innocents par le

jeu doit soulever contre moi l'indignation et les cris.

Je ne veux chercher ni excuse, ni palliatif; le remords et le repentir, cette vertu des méchants, demandent grâce pour moi.

Mais, j'ai bien souvent songé qu'on pourrait citer, dans un plaidoyer en ma faveur, l'exemple des grands au dix-huitième siècle.

Lisez les *Mémoires de Grammont*, par Hamilton; lisez *Manon Lescaut*, de l'abbé Prévost, etc., etc.

Le comte de Grammont et le sympathique Desgrieux déclarent avec naïveté tricher au jeu, pour corriger, disent-ils, la malignité du sort.

Nos mœurs ont fait justice d'une pareille excuse, et les grands de la cour de Louis XIV ou de Louis XV passeraient aujourd'hui pour des grecs audacieux.

Mais si les mœurs se sont améliorées dans notre siècle, sous certains rapports, combien d'exemples funestes s'offrent, tous les jours encore, aux yeux de celui qui arrive pauvre et nu, sans protecteur, dans la société.

Que peut-il sortir de bon, pour une nature ambitieuse, de ce coudoiement de tous les égoïsmes, où celui qui tombe est foulé aux pieds ?

Il s'agit de ne pas tomber !

Plus on a d'indépendance dans le caractère, moins on veut s'humilier devant les bienvenus de la fortune, et plus on aborde les expédients et les entreprises malhonnêtes.

Honnête et malheureux, malhonnête et triomphant : tels sont les deux termes d'une même proposition qui régit la société actuelle

Peut-être verra-t-on, dans ces considérations, la source de quelque pitié pour celui qui a failli étant malheureux, qui n'aurait pas failli étant fortuné.

En terminant, cher lecteur, permettez-moi

de faire un souhait, — que je prie Dieu de réaliser, — et de vous donner quelques con - seils fournis par mon expérience.

Soyez satisfait de votre sort, dans quelque situation que la fortune vous ait placé.

Méfiez-vous de l'ambition, mauvaise con- seillère, et que, dans le cercle étroit de la fa- mille, Dieu vous donne femme et enfants dé- voués.

Je crois que c'est avec tout cela que l'on fait un honnête homme.

Et, si j'avais à recommencer ma vie, peut- être préférerais-je l'existence de l'ouvrier honnête, époux et père de famille, auquel Dieu donne, après les labeurs de la journée, le sourire des enfants et les caresses de l'é- pouse.

Le bonheur, c'est la famille!

Je m'aperçois que je laisse mon lecteur en plan, et que je ne lui ai pas fait part des dispositions que je crus devoir prendre ensuite pour ma sécurité personnelle.

Je pris l'anneau de Gygès et le chapeau de Fortunatus, et, me transportant d'un vol frénétique dans le haut de la haute Egypte, j'abordai aux sources inexplorées du Nil, d'où je vous adresse *mes Mémoires.*

FIN.

TABLE DES MATIÈRES

—

INTRODUCTION.

CHAPITRE PREMIER.

CHAPITRE II.

CHAPITRE III.

Imprimé par Charles Noblot, rue Soufflot 18.

DU MÊME AUTEUR

POUR PARAITRE PROCHAINEMENT

———

HISTOIRE

DE

TROIS CENTS FEMMES ROUSSES

1 volume in-18 de 300 pages

———

LES AVENTURES

DE

MADEMOISELLE LOUISETTE

1 volume in-18 de 300 pages

———

A la même Librairie :

Le Quartier Latin en 1861, 1 vol. in-18.
1 fr. 50

Train de plaisir à travers le quartier Latin, par Adrien DESPREZ. 1 vol. in-18. 2 fr.

Petits Mystères du quartier, par Edmond ROBERT. 1 vol. in-18. 1 fr. 50

Les Bals publics à Paris, par Victor ROZIER. Nouvelle édition. 1 fr.

———

Imprimé par Charles Noblet, rue Soufflot, 18.

www.ingramcontent.com/pod-product-compliance
Lightning Source LLC
Chambersburg PA
CBHW052212270326
41931CB00011B/2324